BEI GRIN MACHT SICH I
WISSEN BEZAHLT

- Wir veröffentlichen Ihre Hausarbeit,
  Bachelor- und Masterarbeit

- Ihr eigenes eBook und Buch -
  weltweit in allen wichtigen Shops

- Verdienen Sie an jedem Verkauf

Jetzt bei www.GRIN.com hochladen
und kostenlos publizieren

Florian Forster

Planarität von Graphen - die 'vertex addition'-Methode

GRIN Verlag

Bibliografische Information der Deutschen Nationalbibliothek:

Die Deutsche Bibliothek verzeichnet diese Publikation in der Deutschen National-
bibliografie; detaillierte bibliografische Daten sind im Internet über http://dnb.d-
nb.de/ abrufbar.

Impressum:

Copyright © 2011 GRIN Verlag GmbH
Druck und Bindung: Books on Demand GmbH, Norderstedt Germany
ISBN: 978-3-656-41790-3

Dieses Buch bei GRIN:

http://www.grin.com/de/e-book/213452/planaritaet-von-graphen-die-vertex-addi-
tion-methode

GRIN - Your knowledge has value

Der GRIN Verlag publiziert seit 1998 wissenschaftliche Arbeiten von Studenten, Hochschullehrern und anderen Akademikern als eBook und gedrucktes Buch. Die Verlagswebsite www.grin.com ist die ideale Plattform zur Veröffentlichung von Hausarbeiten, Abschlussarbeiten, wissenschaftlichen Aufsätzen, Dissertationen und Fachbüchern.

Besuchen Sie uns im Internet:

http://www.grin.com/

http://www.facebook.com/grincom

http://www.twitter.com/grin_com

FERNUNIVERSITÄT
in Hagen
FAKULTÄT FÜR WIRTSCHAFTSWISSENSCHAFT

-Bachelorarbeit-

Bearbeitungszeit: 12 Wochen als Teilzeitstudierender

über das Thema: Planarität von Graphen - die 'vertex addition'-Methode

von: Florian Forster

Abgabedatum :   18. April 2011

Inhaltsverzeichnis

1	Planarität von Graphen - Eine Einführung		4

2	Grundlegende Überlegungen		6
	2.1	Uneindeutigkeit der planaren Darstellung	6
	2.2	Voraussetzungen für den Graphen G	6

3	Historische Planaritätskriterien		7

4	Der 'vertex addition'-Algorithmus			9
	4.1	st-Nummerierung		9
		4.1.1	Vorbereitung: Eine modifizierte Tiefensuche	9
		4.1.2	Teilalgorithmus: Path	10
		4.1.3	st-Nummerierung	12
		4.1.4	Laufzeitbetrachtung	13
		4.1.5	Ein kleines Beispiel	13
	4.2	Bush-Form und PQ-Bäume		16
		4.2.1	Die Bush-Form eines Graphen	16
		4.2.2	PQ-Bäume	17
		4.2.3	Wichtiges Lemma	18
		4.2.4	Pattern Matching mit neun Templates	19
	4.3	Der Planaritätstest		23

5	Beispielhafte Anwendung der 'vertex addition'-Methode		25
	5.1	Erstes Beispiel aus [NR04]	25
	5.2	Der vollständige Graph K_5	28
	5.3	Der vollständige bipartite Graph $K_{3,3}$	29
	5.4	Der fast vollständige bipartite $K'_{3,3}$	29

6	Resümee und Ausblick		33

A	Definitionen		36

Abbildungsverzeichnis

1	Zwei unterschiedliche planare Darstellungsformen desselben Graphen. .	6
2	K_5	8
3	$K_{3,3}$	8
4	Graph G mit st-Nummerierung	9
5	Beispielgraph	11
6	Ergebnis von Algorithmus 5	11
7	Initialisierung	14
8	Kante (c, d)	14
9	Kante (b, c)	14
10	Kante (e, c)	14
11	Kante (f, c)	15
12	st-Nummerierung c	15
13	Kante (b, a)	15
14	Endergebnis der st-Nummerierung	15
15	Graph G mit st-Nummerierung	16
16	G_4 von G	16
17	Einbettung von G_4'	17
18	Bush-Form von G_4'	17
19	Beispiel eines P-Knoten	17
20	Beispiel eines Q-Knoten	18
21	Bush-Form und PQ-Form eines Graphen G. Aus [NR04]	18
22	Pattern $P1$	19
23	Ersatz von $P1$	19
24	Pattern $P2$	20
25	Ersatz von $P2$	20
26	Pattern $P3$	20
27	Ersatz von $P3$	20
28	Pattern $P4$	21
29	Ersatz von $P4$	21
30	Pattern $P5$	22
31	Ersatz von $P5$	22
32	Pattern $P6$	22
33	Ersatz von $P6$	22
34	Pattern $Q1$	23
35	Ersatz von $Q1$	23
36	Pattern Q2	23
37	Ersatz von Q2	23
38	Pattern Q3	24
39	Ersatz von Q3	24

40 Beispielgraph mit ST-Nummerierung 25

41 Bush-Form B_1 und PQ-Baum nach Zeile 4 25

42 Ersatz des (Blatt)Knotens 2 26

43 Sukzessive Anwendung der Patterns $P3$ und $P5$ auf Abbildung 42 . . . 26

44 Bush-Form B_3 und PQ-Baum nach den ersten Schritten 26

45 Anwendung von $P3$ und $Q3$ auf Abbildung 44 27

46 Bush-Form B_4 und PQ-Baum nach Entfernung von 4 27

47 Anwendung von $P3$ und $Q2$ auf Abbildung 46 27

48 Anwendung von $P4$ auf 47 28

49 Bush-Form B_5 und PQ-Baum nach Entfernung des (Blatt)Knotens 5 . . 28

50 Eine Einbettung des planaren Graphen aus Abbildung 40 28

51 Schematischer Ablauf der 'vertex addition'-Methode für den Graphen K_5 30

52 Algorithmus Planar für den Graphen $K_{3,3}$ 31

53 Algorithmus Planar für den Graphen $K_{3,3}$ mit einer Kante weniger . . . 32

1 Planarität von Graphen - Eine Einführung

Als planarer Graph wird derjenige Graph bezeichnet, der sich in der Ebene darstellen lässt ohne dass sich zwei Kanten des Graphen schneiden. Die ersten Überlegungen zur Planarität finden sich bereits bei Euler und seinem berühmten Polyedersatz. In den letzten Jahrzehnten, insbesondere durch die Entwicklungen im Bereich der Mikrochips (VLSI), wurde die Frage nach der planaren Darstellung eines Graphen immer relevanter. Weitere Anwendungen finden sich in sämtlichen Bereichen in denen Leitungen oder Transportwege (Kanten) zwischen verschiedenen Standorten bzw. Quellen und Senken (Knoten) überschneidungsfrei in einer Ebene gezeichnet bzw. verlegt werden müssen. Zunächst stellt sich allerdings die Frage, ob für einen gegebenen Graphen überhaupt eine planare Darstellung existiert. In der vorliegenden Arbeit wird ein Algorithmus mit linearer Laufzeit präsentiert der prüft, ob sich ein gegebener Graph planar in der Ebene darstellen lässt. Das konkrete Aussehen dieser Darstellung wird durch eine Erweiterung des in dieser Arbeit vorgestellten Algorithmus berechnet. Die konkrete Darstellung dieser Erweiterung, welche in [NR04] erläutert wird, würde allerdings den Rahmen der Arbeit sprengen.

Ausgehend von den ersten Überlegungen von Euler zur Planarität von Graphen stellt sich die historische Entwicklung in diesem Forschungszweig in den letzten 50 Jahren wie folgt dar:

1961 Auslander und Parter [AP61]: Planaritätstests sind polynominial, $O(n^3)$-Algorithmus

1964 Demoucron, Malgrange und Pertuiset [DMP64]: Einfacher $O(n^2)$-Algorithmus

1967 Lempel, Even und Cederbaum [LEC67]: $O(n^2)$-Algorithmus (erste Überlegungen zur 'vertex addition'-Methode)

1974 Hopcroft und Tarjan [HT74]: Durchbruch mit einem $O(n)$-Algorithmus. Allerdings schwer zu verstehen und noch schwerer zu implementieren.

1976 Even, Tarjan [ET76] und Booth, Lueker [BL76] entwickeln unabhängig voneinander Erweiterungen zu [LEC67] und verbessern die 'vertex addition' Methode zu einem $O(n)$-Algorithmus. Die dazugehörige planare Einbettung kann durch einen, in der Abhandlung ebenfalls erwähnten, zusätzlichen $O(n^2)$-Algorithmus gefunden werden.

1985 Chiba, Nishizeki, Abe und Ozawa [CNAO85] publizieren eine Modifikation von [LEC67] welche eine planare Einbettung in $O(n)$ liefert.

1993 Mehlhorn, Mutzel, und Naher [MMN93] entwickeln während ihrer Arbeit an LEDA[1] den Algorithmus von [HT74] weiter, so dass, zusätzlich zum Planaritätstest, eine planare Einbettung in $O(n)$ geliefert wird.

---

[1]Library of Efficient Data Types and Algorithms, *http://www.algorithmic-solutions.com/leda/*

1999 Wei-Kuan Shih und Wen-Lian Hsu [WKWL99] entwickeln einen einfachen $O(n)$-Algorithmus der mit einer neuen Datenstruktur (PC-Bäume) arbeitet und entweder eine planare Einbettung oder die Kuratowski-Teilgraphen liefert.

1999 Boyer und Myrvold [BM99] entwickeln einen ähnlichen Algorithmus wie [WKWL99].

Die eben vorgestellten Algorithmen und Datenstrukturen finden sich in zahlreichen Softwarepaketen wieder. Die in [BL76] erläuterte Datenstruktur wurde beispielsweise in C++ implementiert [Lei97]. Das Softwarepaket *Planarity* [Boy] implementiert den in [BM99] vorgestellten Algorithmus. Im Softwarepaket *Mathematica* wird der in [AP61] vorgestellte Algorithmus für Planaritätstests genutzt. Das Open Graph Drawing Framework [GCK] implementiert die in [WKWL99] und [BM99] vorgestellten Datenstrukturen und Algorithmen. Eine Implementierung des hier vorgestellten Verfahrens zum Testen der Planarität von Graphen findet sich im Grapheditor *JGraphEd* [Har] von John Harris.

In dieser Arbeit werden zunächst in Abschnitt 2 grundlegende Überlegungen gemacht die die Grundlage für das Verständnis der folgenden Abschnitte liefern. Im Abschnitt 3 werden zwei der ältesten Planaritätskriterien für Graphen vorgestellt und ein Verweis auf eine Vielzahl anderer Kriterien geliefert. Der Planaritätstest findet sich in Abschnitt 4. Zunächst wird zur Vorbereitung des Planaritätstests eine spezielle Nummerierung in Abschnitt 4.1 und eine neue Datenstruktur in 4.2 präsentiert. Beides zusammen bildet die Grundlage des Planaritätstests der in Abschnitt 4.3 dargestellt wird. Einige Beispiele in 5 verdeutlichen die Arbeitsweise des Planaritätstests aus Abschnitt 4.3. Ein kurzes Resümee und ein Verweis auf neuere Entwicklungen runden die Arbeit ab.

2 Grundlegende Überlegungen

2.1 Uneindeutigkeit der planaren Darstellung

Unter der planaren (bzw. ebenen oder geplätteten) Darstellung eines Graphen G versteht man die Darstellung in der Ebene, so dass sich keine zwei Kanten schneiden, oder anders formuliert: Zwei Kanten treffen sich ausschließlich in den Knoten des Graphen. Hierbei ist offensichtlich, dass für einen gegebenen Graphen G, sofern eine planare Darstellung existiert, diese nicht notwendigerweise eindeutig ist. Abbildung 1 zeigt zwei unterschiedliche planare Darstellungsformen desselben Graphen.

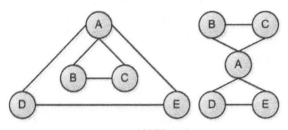

Abbildung 1
Zwei unterschiedliche planare Darstellungsformen desselben Graphen.

2.2 Voraussetzungen für den Graphen G

Es ist offensichtlich, dass die Tatsache, ob der Graph gerichtet oder ungerichtet ist, für die Frage ob es eine planare Darstellung gibt unerheblich ist. Zur Vereinfachung wird im Folgenden von ungerichteten Graphen ausgegangen. Ferner sind nur Knoten von Bedeutung die mehr als eine ausgehende Kante besitzen. Knoten die nur eine Kante haben können ohne Verletzung der Überschneidungsfreiheit an einen planaren Graphen angehängt werden können. In [Har72] wurde gezeigt dass ein beliebiger Graph genau dann planar ist, wenn alle seine zweifach zusammenhängenden Komponenten planar sind. Aufgrund dieser Erkenntnis, und der Tatsache, dass sich die zweifach zusammenhängenden Komponenten eines Graphen G leicht berechnen lassen, werden im Folgenden ausschließlich zweifach zusammenhängende Graphen betrachtet.

3 Historische Planaritätskriterien

Bevor man sich über die konkrete Darstellung eines planaren Graphen in der Ebene Gedanken machen kann muss die Frage geklärt werden, ob es überhaupt eine planare Darstellung eines Graphen G gibt. Erste hinreichende, und einfach zu prüfende, Kriterien um die Planarität eines Graphen auszuschließen, können bereits aus der Eulerschen Polyederformel[2] abgleitet werden.

- Für jeden planaren Graph G mit $v \geq 3$ Knoten folgt

$$e \leq 3 \cdot v - 6$$

Hieraus lässt sich folgern dass der Graph in Abbildung 2 nicht planar ist.[3]

- Für jeden bipartiten planaren Graph $K_{s,r}$ gilt

$$e \leq 2 \cdot v - 4$$

Hieraus lässt sich folgern dass der Graph in Abbildung 3 nicht planar ist.[4]

In Abbildung 2 und Abbildung 3 sind beispielhaft zwei Graphen dargestellt für die keine planare Darstellung gefunden werden kann. Diese beiden Graphen bilden die Grundlage des *Satzes von Kuratowski*. Der Satz von Kuratowski [Kur30] ist ein hinreichendes und notwendiges Kriterium für die Planarität eines Graphen. Allerdings gestaltet sich die Anwendung des Satzes in der Praxis, insbesondere bei größeren Graphen, als sehr zeitaufwändig. Nichts desto trotz soll der Satz, und eine Variante davon, hier kurz als ein Kriterium für die Planarität eines Graphen präsentiert werden.

Definition 1 (Unterteilung einer Kante). *Unter einer Unterteilung einer Kante versteht man das Einfügen eines Knotens in die Kante. Sei $G = (V, E)$ ein Graph und $k = (x, y) \in E$ eine Kante, so entsteht G' durch Unterteilung von k durch Hinzufügen eines Knoten z:*

$$G' = (V \cup \{z \notin V\}, E \backslash k \cup \{(x, z), (z, y)\})$$

.

Satz 1 (Satz von Kuratowski). *Ein endlicher Graph ist genau dann planar, wenn er keinen Teilgraphen enthält, der durch Unterteilung von K_5 (Abbildung 2) oder $K_{3,3}$ (Abbildung 3) entstanden ist.*

Eine dem Satz von Kuratowski ähnliche Charakterisierung liefert der Satz Wagner [Kla36]:

---

[2]Mit E Anzahl der Ecken, F Anzahl der Flächen und K Kanten eines beschränkten, konvexen Polyeders gilt: $E + F - K = 2$
[3]Mit $v = 5$ und $e = 10$ folgt $10 > 3 \cdot 5 - 6 = 9$.
[4]Mit $v = 6$ und $e = 9$ folgt $9 > 2 \cdot 6 - 4 = 8$.

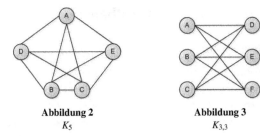

Abbildung 2	**Abbildung 3**
K_5	$K_{3,3}$

Satz 2 (Satz von Wagner). *Ein Graph G ist genau dann planar, wenn weder K_5 noch $K_{3,3}$ ein Minor von G sind.*

Andere Planaritätskriterien wurden von Whitney [Whi32], MacLane [ML37], Fraysseix und Rosenstiehl [FR82], Schnyder [Sch89], Harary [Har72] sowie de Verdière [Ver90] entwickelt. All diese Kriterien sind allerdings entweder in den für die Prüfung benötigten Datenstrukturen oder den zu leistenden Vorarbeiten komplexer als die bisher genannten. Auf die Darstellung dieser Kriterien wird daher hier verzichtet.

Es ist offensichtlich, dass allein mit den beiden genannten Kriterien die Prüfung der Planaritätseigenschaft nur für sehr kleine Graphen praktikabel ist. Im folgenden Kapitel wird daher nun der so genannte 'vertex addition'-Algorithmus [LEC67], inkl. den Erweiterungen aus [ET76] und [BL76], vorgestellt mit dem die Planarität eines beliebigen Graphen bei linearer Laufzeit entschieden werden kann.

4 Der 'vertex addition'-Algorithmus

4.1 st-Nummerierung

Unter einer *st-Nummerierung* eines Graphen G mit v Knoten (siehe Abbildung 4) versteht man die Nummerierung der Knoten von 1 bis v, so dass die Knoten 1 und v zueinander und jeder Knoten $j \in V\backslash\{1, v\}$ zu den Knoten i und k, mit $i < j$ und $j < k$, adjazent sind. Der Knoten 1 wird hierbei als Quelle, der Knoten v als Senke bezeichnet. In [ET76] wurde gezeigt, dass jeder zweifach zusammenhängende Graph eine st-Nummerierung besitzt.

Im Folgenden wird zunächst eine modifizierte Tiefensuche vorgestellt, welche im Gegensatz zur normalen Tiefensuche lediglich zwei zusätzliche Werte ermittelt. Anschließend wird ein essentielles Teilproblem der st-Nummerierung erläutert und abschließend der gesamte Nummerierungsalgorithmus präsentiert. Eine kurze Laufzeitbetrachtung, schließlich soll die Entscheidung ob der Graph planer ist in linearer Zeit fallen, und ein Beispiel runden den Abschnitt ab.

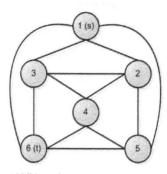

Abbildung 4
Graph G mit st-Nummerierung

4.1.1 Vorbereitung: Eine modifizierte Tiefensuche

Um die *st-Nummerierung* eines Graphen G zu berechnen ist zunächst eine leicht modifizierte Tiefensuche nötig die für jeden Knoten den Vaterknoten, eine DF-Nummer und eine LOW-Nummer berechnet. Hinter der DF-Nummer verbirgt sich die Reihenfolge in der die Knoten des Graphen bei der Tiefensuche durchlaufen wurden. Die LOW-Nummer eines Knoten ist definiert als

Definition 2 (LOW(v)). $LOW(v) = min(\{v\} \cup \{w|$ *Es existiert eine Kante* (u, v), *wobei* u *Sohn und* w *Vater von* v *im DFS* $-$ *Baum*[5] T *sind*$\})$

---
[5]Depth-First-Search

Die LOW-Nummer repräsentiert also den Knoten mit der niedrigsten DF-Nummer der von v aus über eine Rückwärtskante[6] erreichbar ist. Die leicht modifizierte Tiefensuche arbeitet folgendermaßen:

```
1  DFS(G) {
2     T= Ø  (T ist der entstehende DFS-Baum)
3     Zähler=1
4     Markiere alle Knoten von G als NEU
5     Wähle beliebigen Startknoten v
6     Durchsuche(v)
7  }
8
9  Durchsuche(v) {
10    Markiere v als ALT
11    v.DFN = Zähler
12    v.LOW = v.DFN
13    Zähler++
14    Für jeden Knoten w in der Adjazenzliste von v
15      Falls w noch als NEU markiert ist
16        T = T ∪ (v,w)
17        w.VATER = v
18        Durchsuche(w)
19        v.LOW = min{LOW(v),LOW(w)}
20      Andernfalls falls v.VATER ≠ w
21        v.LOW = min{LOW(v), DFN(w)}
22 }
```

Zunächst wird also, ausgehend von einem beliebigen Startknoten, durch Tiefensuche der Baum T aufgebaut. Beim Hinabsteigen werden die DF-Nummern (Zeile 11), vorläufige LOW-Nummern (Zeile 12), sowie Verweise auf die Vaterknoten (Zeile 17) gesetzt.

Beim Hinaufsteigen werden die LOW-Nummern der Knoten korrigiert (Zeile 19 bzw. Zeile 21) und auf ihren endgültigen Wert gesetzt. Der dargestellte Algorithmus, angewandt auf den in Abbildung 5 dargestellten Graphen, ergibt den in Abbildung 6 abgebildeten Baum, wobei die Baumkanten durchgehend, die restlichen (Rückwärts)Kanten des Graphen unterbrochen gezeichnet wurden.

4.1.2 Teilalgorithmus: Path

Nachdem die leicht modifizierte Tiefensuche alle für die spätere st-Nummerierung benötigen Daten berechnet hat, soll nun ein essentielles Teilproblem des st-Algorithmus separat vorgestellt werden, um die Darstellung des gesamten, im nächsten Abschnitt folgenden, Algorithmus zu vereinfachen.

---
[6]Eine Kante des Graphen G die nicht Teil des DFS-Baums ist

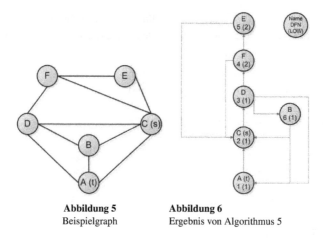

Abbildung 5	**Abbildung 6**
Beispielgraph	Ergebnis von Algorithmus 5

Zunächst werden die Kante (t, s) eines Graphen G gewählt der bereits durch den im vorherigen Abschnitt vorgestellten Algorithmus bearbeitet wurde. Hierbei gelten für die Knoten t und s die Bedingungen $t.DFN = 1$ und $s.DFN = 2$. Die beiden Knoten t und s und die dazugehörige Kante (t, s)werden als ALT markiert, alle anderen Knoten und Kanten als NEU. Der Teilalgorithmus findet, ausgehend von einem Knoten v, einen Pfad zu einem bereits als ALT markierten Knoten w. Hierfür werden vier Fallunterscheidungen benötigt.

Fall 1: Es existiert eine als NEU markierte Rückwärtskante (v, w)

Markiere (v, w) als ALT

return $v \rightarrow w$

Der einfachste Fall ist also gegeben wenn direkt vom zu untersuchenden Knoten v eine unverbrauchte, sprich eine als NEU markierte, Kante zu einem als ALT markierten Knoten existiert.

Fall 2: Es existiert eine als NEU markierte Baumkante (v, w)

Durch $LOW(w)$ ist ein Pfad von $w = w_0$ über $w_1, \ldots, w_{k-1}$ zu dem Knoten $w_k.DFN = LOW(w)$ gegeben

Markiere alle Knoten und Kanten auf dem Pfad als ALT

return $v \rightarrow w_1 \rightarrow \ldots \rightarrow w_k$

Beim zweiten Fall wird als zunächst im Baum eine unverbrauchte Kante genutzt um im Baum eine Ebene tiefer hinabzusteigen. Anschließend, hier wird die Bedeutung der $LOW - Nummern$ deutlich, kann über Rückwärtskanten ein als ALT markierter Knoten erreicht werden.

11

Fall 3: Es existiert eine als NEU markierte Rückwärtskante (w, v)

Es gelte hier zusätzlich $w.DFN > v.DFN$

Sei ein Pfad von $w = w_0$ über $w_1, \ldots, w_{k-1}$ zu einem

als ALT markierten Knoten w_k gegeben

(Anm.: Dieser Pfad lässt sich leicht über die Vaterverweise finden.)

Markiere alle Knoten und Kanten auf dem Pfad als ALT

return $v \to w_0 \to w_1 \to \ldots \to w_k$

Der dritte Fall ist etwas komplexer. Zur Pfadfindung wird eine Rückwärtskante genutzt die in v endet, um von dort, mit Hilfe der Vaterverweise der Knoten, einen Pfad zu einem als ALT markierten Knoten zu finden. Als letzter Fall bleibt die Abbruchbedingung

Fall 4: Es existiert keine als NEU markierte Kante (v, w) oder (w, v)

return $\emptyset$

Der Aufruf der Fallunterscheidungen mittels $PATH(v)$ erfolgt hierbei immer mit einem bereits als ALT markierten Knoten als Eingabe. Nachdem die Vorbereitungen abgeschlossen sind kann nun der eigentliche Algorithmus zur st-Nummerierung präsentiert werden.

4.1.3 st-Nummerierung

Da die im vorherigen Abschnitt dargestellte Fallunterscheidung $PATH(v)$ einen Großteil der Arbeit erledigt ist der restliche Algorithmus für die st-Nummerierung (Algorithmus 4.1.3) kurz und einfach zu verstehen. Als Eingabe für den Algorithmus wird ein Graph G benötigt der bereits von Algorithmus 4.1.1 bearbeitet wurde. Wie im vorherigen Abschnitt bereits erwähnt wird initial die Kante (t, s) mit $t.DFN = 1$ und $s.DFN = 2$ ausgewählt. Als zusätzliche Datenstruktur benötigt der Algorithmus lediglich einen Stack S.

```
1   st-Numbering(G) {
2     Zähler = 1
3     S->push( t )
4     S->push( s )
5     Markiere s,t und (s,t) als ALT.
6     v = S->pop()
7       Falls PATH(v) = ∅
8         v.ST = Zähler
9         Zähler++
10      Andernfalls
11        Sei v → w_1 → ... → w_{k-1} → w_k  die Rückgabe von PATH(v)
12        S->push( w_{k-1} )
13        ...
14        S->push( w_1 )
15        S->push( v )
```

16   GoTo Zeile 6

17 }

Bevor der Algorithmus 4.1.3 an einem Beispiel vorgestellt wird, soll kurz noch ein Blick auf die Laufzeit des Verfahrens (inkl. Algorithmus 4.1.1) erfolgen.

4.1.4 Laufzeitbetrachtung

Durch die ALT/NEU-Markierung wird in Algorithmus 4.1.1 jeder Knoten genau einmal besucht (Zeile 18) und für jeden Knoten wird die Adjazenzliste durchlaufen (Zeile 14), sprich jede Kante wird besucht. Die dadurch implizierte Laufzeit für die Tiefensuche ist $O(e + v)$.

Für den Algorithmus 4.1.3 lässt sich dieselbe Argumentation mit der ALT/NEU-Markierung anführen. Jeder Knoten und jede Kante wird genau einmal besucht. Auch hier erhält man also eine lineare Laufzeit $O(e+v)$. Der Algorithmus zur st-Nummerierung ist also im Hinblick auf die Laufzeit in der Klasse $O(n)$ einzuordnen, sprich linear zur Knoten- bzw. Kantenmenge.

4.1.5 Ein kleines Beispiel

Ein Beispiel soll die Arbeitsweise des Algorithmus zur st-Nummerierung verdeutlichen. Der bereits durch die Tiefensuche präparierte Graph in Abbildung 6 soll als Ausgangspunkt für die st-Nummerierung dienen. Zunächst wird als Ausgangskante die Verbindung (a, c) gewählt und auf den Stack gelegt, a ist also das unterste Element und wird zuletzt eine Nummer bekommen, c liegt darüber. Die Knoten a und c sowie die Kante (a, c) sind hierbei bereits als ALT [7] markiert (Abbildung 7).

Der Knoten c wird direkt wieder vom Stack herunter genommen (Zeile 6). Mit c als Eingabe wird die Funktion $PATH(c)$ (Zeile 7) aufgerufen. Fall 2 kommt zum Zuge, es existiert die unmarkierte Kante (c, d), und die Funktion liefert als Rückgabe, wegen $LOW(d) = 1 = a$, den Pfad $c \to d \to a$. Die beteiligten Kanten werden als ALT markiert und die Elemente des Pfades (exkl. a) kommen auf den Stack (siehe Abbildung 8), c bleibt dabei oberstes Element.

Als oberstes Element im Stack wird nun wieder c als Eingabe für die Funktion $PATH(c)$ aufgerufen. Mittels Fall 3 und der Rückwärtskante (b, c) liefert der Funktionsaufruf $PATH(c)$ als Rückgabe den Pfad cbd. Die beteiligten Kanten werden wiederum als ALT markiert und die Elemente des Pfades (exkl. d) kommen auf den Stack (siehe Abbildung 9), c ist erneut oberstes Element.

Der Knoten c wird wieder vom Stack genommen und die Funktion $PATH(c)$ wird aufgerufen. Erneut kommt Fall 3 bei der noch als NEU markierten Rückwärtskante (e, c) zum Tragen und der Funktionsaufruf liefert als Rückgabe den Pfad $cefd$. Die

---

[7]In den Abbildungen wird für diese Markierung die Farbe rot benutzt

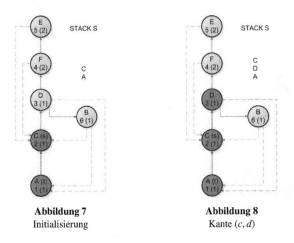

Abbildung 7
Initialisierung

Abbildung 8
Kante (c, d)

beteiligten Kanten werden wiederum als ALT markiert und die Elemente des Pfades (exkl. d) kommen auf den Stack (siehe Abbildung 10), c ist erneut oberstes Element.

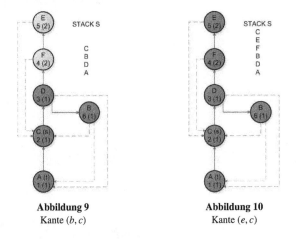

Abbildung 9
Kante (b, c)

Abbildung 10
Kante (e, c)

Zum vorletzten Mal wird Knoten c vom Stack genommen um mit der Funktion $PATH(c)$ noch die Rückwärtskante (f, c) über Fall 3 als ALT zu markieren (Abbildung 11).

Da nun alle Baum- und Rückwärtskanten von c markiert sind (Zeile 7) bekommt der oberste Knoten des Stacks, in diesem Fall c, seine ST-Nummer (Abbildung 12). Gleiches geschieht für die Knoten e und f bis der Knoten b vom Stack genommen wird. Hier wird noch die direkte Rückwärtskante (b, a) über Fall 1 als ALT markiert, b bleibt oberstes Element des Stacks (Abbildung 13). Da nun alle Kanten als ALT markiert sind wird bei den Funktionsaufrufen von $PATH()$ immer Fall 4 eintreten, es muss also nur nummeriert werden. Das Ergebnis ist in Abbildung 14 dargestellt.

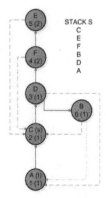

Abbildung 11
Kante (f, c)

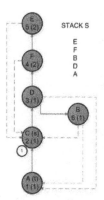

Abbildung 12
st-Nummerierung c

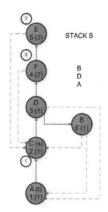

Abbildung 13
Kante (b, a)

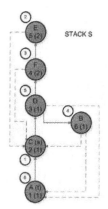

Abbildung 14
Endergebnis der st-Nummerierung

4.2 Bush-Form und PQ-Bäume

Im Folgenden wird davon ausgegangen, dass die bisher vorgestellten Algorithmen einen gegebenen Graphen G bereits vorbereitet haben. Es liegt also eine st-Nummerierung vor und die Knoten des Graphen G werden nun nur noch anhand dieser Nummern referenziert.

4.2.1 Die Bush-Form eines Graphen

Unter $G_k = (V_k, E_k)$ mit $k \leq v$ versteht man denjenigen Subgraphen von G, der alle Knoten $1, \ldots, k$ und alle Kanten, die ihren Ursprung und ihr Ende in diesen Knoten haben, enthält. Da $k \leq v$ vorausgesetzt wurde und mit der Forderung der zweifachen Zusammenhangskomponenten aus 2.2 gibt es Kanten $(a, b) \in E \backslash E_k$ mit $a \in V_k$ und $b \in V \backslash V_k$. Unter G'_k versteht man denjenigen Graphen G_k der zusätzlich diese Kanten enthält, wobei für jede dieser Kanten ein virtueller Knoten mit der Nummer b erzeugt wird. Die dazugehörigen Kanten werden als virtuelle Kanten bezeichnet.

Unter einer Bush-Form des Graphen G'_k versteht man die Einbettung des Graphen G'_k in die Ebene, so dass alle virtuellen Knoten in einem unbegrenztem Gebiet liegen. In der Regel werden die Bush-Formen so gezeichnet, dass die virtuellen Knoten in einer horizontalen Linie liegen. Abbildung 15 zeigt einen Graphen G mit st-Nummerierung, Abbildung 16 den Subgraphen G_4, Abbildung 17 eine Einbettung von G'_4 die keine Bush-Form darstellt[8] und Abbildung 18 die Bush-Form von G'_4. In [Eve79] wurde nachgewiesen, dass jeder planare Graph mit v Knoten eine Bush-Form B_k für $1 \leq k \leq v$ besitzt.

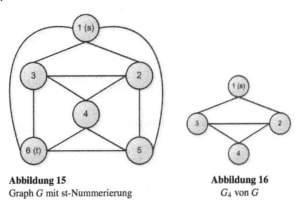

Abbildung 15
Graph G mit st-Nummerierung

Abbildung 16
G_4 von G

---

[8]Die virtuellen Knoten 5 und 6 die mit Kanten zum Knoten 1 verbunden sind liegen nicht in einem unbegrenzten Gebiet.

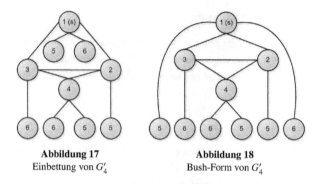

Abbildung 17
Einbettung von G'_4

Abbildung 18
Bush-Form von G'_4

4.2.2 PQ-Bäume

Die hier vorgestellte 'vertex addition'-Methode basiert auf den in [BL76] vorgestellten PQ-Bäumen.

Definition 3 (PQ-Baum). *Sei Σ ein endliches Alphabet (Anm.: in dem hier vorgestellten Fall die Menge der Knoten V). Dann ist ein PQ-Baum auf Σ induktiv wie folgt definiert:*

Jeder einelementige Baum (also ein Knoten) ist ein PQ-Baum

Sind $T_1, \ldots, T_k$ PQ-Bäume, und p ein P-Knoten dann ist der Baum mit p als Wurzel und $T_1, \ldots, T_k$ als Blätter ein PQ-Baum.

Sind $T_1, \ldots, T_k$ PQ-Bäume, und p ein Q-Knoten dann ist der Baum mit p als Wurzel und $T_1, \ldots, T_k$ als Blätter ein PQ-Baum

Ein P-Knoten (siehe Abbildung 19) repräsentiert hierbei einen Schnittknoten des Graphen G, also diejenigen Knoten durch deren Wegfallen der Graph in mehrere Zusammenhangskomponenten zerfällt. Für den Planaritätstest wichtig ist die Eigenschaft, dass Söhne eines P-Knoten beliebig vertauscht werden können, ohne die Planarität eines gegebenen Graphen zu zerstören. Ein P-Knoten steht somit stellvertretend für sämtliche Permutationen seiner Söhne. In der Regel werden P-Knoten als Kreise gezeichnet.

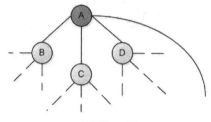

Abbildung 19
Beispiel eines P-Knoten

17

Der zweite besondere Knoten, der Q-Knoten (siehe Abbildung 20), repräsentiert zweifache Zusammenhangskomponenten des Graphen G wie Abbildung 20 zeigt. Hier ist, im Gegensatz zum P-Knoten, keine beliebige Permutation der Söhne möglich. Bei den Q-Knoten ist nur ein Austausch der beiden äußeren Söhne möglich, sprich der äußerst linke und der äußerst rechte Knoten tauschen ihre Position. Q-Knoten werden als Rechtecke gezeichnet. Ein Q-Knoten hat immer mehr als zwei Kinder, da er sonst mit einem P-Knoten oder einem Blatt identisch wäre.

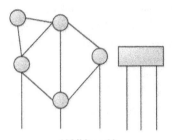

Abbildung 20
Beispiel eines Q-Knoten

Als letzter Teil der PQ-Bäume bleiben die Blätter die die virtuellen Knoten der im vorherigen Abschnitt vorgestellten Bush-Form repräsentieren. In Abbildung 21 sind eine Bush-Form und eine PQ-Form eines Graphen G dargestellt.

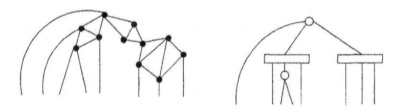

Abbildung 21
Bush-Form und PQ-Form eines Graphen G. Aus [NR04]

4.2.3 Wichtiges Lemma

Aus [Eve79] stammt folgendes, für den Planaritätstests bzw. das gleich folgende Pattern-Matching, essentielles Lemma:

Lemma 1. *Sei B_k eine beliebige Bush-Form des Subgraphen G_k eines planaren Graphen G, dann existiert eine Sequenz von Umdrehungen und Permutationen der Form, dass alle als $k + 1$ markierten virtuellen Knoten der Bush-Form aufeinander folgende Positionen in einer horizontalen Linie einnehmen.*

Der Beweis des Lemmas erfolgt derart, dass nachgewiesen wird, dass für zwei verschiedene Bush-Formen B und B' eines Graphen G eine Sequenz von Umdrehungen und Permutationen existiert die aus B' die Bush-Form B'' erzeugt, deren virtuelle Knoten auf der horizontalen Linie in der gleichen Reihenfolge wie die in B stehen.

Die Beweisidee mittels Induktion ist folgendermaßen: Zunächst ist offensichtlich, dass für Bush-Formen mit nur einem Knoten die Annahme erfüllt ist.

Sei v der kleinste Knoten der Bush-Formen B und B' und ein Schnittknoten, dann existieren für B und B' Komponenten die durch Weglassen von v entstehen. Die Hypothese wird dann auf rekursiv auf diese Teilkomponenten angewandt.

Sei v kein Schnittknoten dann sei H eine zweifache Zusammenhangskomponente der Bush-Formen B und B' mit den Schnittknoten $u_1, \ldots, u_k$. Diese Schnittknoten kommen in B' in gleicher oder umgekehrter Reihenfolge vor. Falls die Reihenfolge umgekehrt ist können wir über Knoten den v die Knoten von H in B' in die gleiche Reihenfolge wie die Knoten H in B bringen. □

4.2.4 Pattern Matching mit neun Templates

In [BL76] haben die Autoren nachgewiesen, dass ein wiederholtes Anwenden bestimmter Patterns die im Lemma des vorherigen Abschnitts erwähnten Umkehrungen und Permutationen findet. Als relevante Knoten von B_k werden hierbei diejenigen (virtuellen) Knoten bezeichnet die mit $k + 1$ nummeriert sind. Ein relevanter Teilbaum eines PQ-Baums ist dabei derjenige (minimale) Teilbaum der alle relevanten (virtuellen) Knoten enthält. Ein Knoten in einem PQ-Baum, egal ob P-Knoten oder Q-Knoten, wird als voll bezeichnet wenn alle Blätter dieses Teilbaumes, inkl. der Blätter aller Söhne, relevant sind.

Bevor der Pattern-Matching Algorithmus zum Testen der Planaritätseigenschaft vorgestellt werden kann müssen die dazugehörigen Patterns erläutert werden. Die im Folgenden benutzten Grafiken zur Visualisierung der Patterns stammen aus [Gro10]. Volle Knoten und Blätter werden in den Darstellungen schwarz markiert. Eine ausführliche Erklärung der Patterns findet sich in [BL76].

Pattern $P1$ Das erste Template $P1$ ist von äußerst einfacher Form. Wenn der aktuelle Knoten ein P-Knoten ist und alle Söhne des Knotens als voll markiert sind (Abbildung 22), dann wird der aktuelle Knoten ebenfalls als voll markiert (Abbildung 23). Hierbei ist es egal ob der Knoten die Wurzel eines Baums ist oder nicht.

Abbildung 22   **Abbildung 23**
Pattern $P1$ Ersatz von $P1$

Pattern *P2*   Das zweite Template *P2* greift, wenn der aktuelle Knoten volle und nicht volle Söhne besitzt. Ferner muss der betrachtete Knoten die Wurzel des relevanten Teilbaums sein, sprich alle vollen Knoten sind in diesem Teilbaum enthalten (Abbildung 24). Dieses Template wird derart ersetzt, dass ein neuer P-Knoten als Sohn des aktuellen Knotens erzeugt wird und alle vollen Teilbäume an diesen Knoten gehängt werden (Abbildung 25).

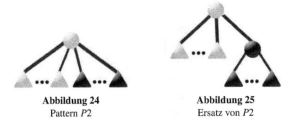

<table>
<tr><td align="center">Abbildung 24
Pattern P2</td><td align="center">Abbildung 25
Ersatz von P2</td></tr>
</table>

Pattern *P3*   Das Pattern *P3* greift, ebenso wie *P2*, wenn der aktuelle Knoten volle und nicht volle Söhne besitzt. Allerdings ist, im Gegensatz zu *P2*, der betrachtete Knoten nicht die Wurzel des relevanten Teilbaums, sprich es gibt volle Knoten die nicht an diesem Teilbaum hängen (Abbildung 26).

Zunächst werden alle vollen Söhne vom aktuellen Knoten als Söhne in einen neuen P-Knoten verschoben. Für alle anderen Knoten wird ebenfalls ein P-Knoten erzeugt und diese Knoten werden zu Söhnen des soeben neu erzeugten P-Knotens. Sollte im ersten oder zweiten Fall nur ein Knoten als Sohn existieren wird kein gesonderter P-Knoten erzeugt. Abschließend wird der betrachtete Knoten durch einen (halbvollen) Q-Knoten ersetzt und die beiden neu erzeugten P-Knoten werden zu Söhnen dieses Knotens (Abbildung 27).

Anzumerken an dieser Stelle ist, dass der erzeugte Q-Knoten wieder ersetzt werden muss, da Q-Knoten per Definition mehr als drei Söhne haben. Nach Abschluss aller Reduktionen (siehe Algorithmus 4.3) darf diese Form nicht im PQ-Baum vorkommen.

<table>
<tr><td align="center">Abbildung 26
Pattern P3</td><td align="center">Abbildung 27
Ersatz von P3</td></tr>
</table>

Pattern *P4*   Das Pattern *P4* sorgt, als eines von mehreren dafür, dass die durch *P3* erzeugten Q-Knoten wieder verschwinden. Es greift genau dann wenn der aktuelle Knoten ein P-Knoten ist und genau einen halbvollen Q-Knoten als Sohn hat. Ferner muss der

P-Knoten die Wurzel des relevanten Teilbaums sein. Der P-Knoten darf dabei beliebig viele leere oder volle Söhne haben (Abbildung 28)

Falls der P-Knoten volle Söhne hat werden diese als Söhne zum neu erzeugten P-Knoten verschoben. Dieser neue P-Knoten wird dann als äußerster Knoten an den halbvollen Q-Knoten gehängt. Auch hier gilt wieder, dass der erzeugte P-Knoten mindestens zwei Söhne haben muss, ansonsten wird seine Erzeugung übersprungen (Abbildung 29).

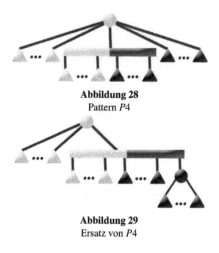

Abbildung 28
Pattern P4

Abbildung 29
Ersatz von P4

Pattern P5 Template P5 greift, im Gegensatz zu P4, wenn der aktuelle Knoten ein P-Knoten ist und genau einen halbvollen Q-Knoten als Sohn hat. Allerdings ist, im Gegensatz zu P4, der betrachtete Knoten nicht die Wurzel des relevanten Teilbaums, sprich es gibt volle Knoten die nicht an diesem Teilbaum hängen. Der P-Knoten darf dabei beliebig viele leere oder volle Söhne haben (Abbildung 30)

Falls der P-Knoten volle Söhne hat werden diese als Söhne zu einem neu erzeugten P-Knoten verschoben. Die restlichen Teilbäume des aktuelle Knoten, sprich alle bis auf die vollen Teilbäume und den halbvollen Q-Knoten, werden ebenfalls an einen neu erzeugten P-Knoten gehängt. Der aktuelle Knoten wird durch einen Q-Knoten ersetzt. An den linken Rand kommt der eben erzeugte P-Knoten, an den rechten der P-Knoten mit den vollen Söhnen. In die Mitte werden die Söhne des vorherigen halbvollen Q-Knotens gehängt. Der erzeugte Q-Knoten ist ebenfalls halbvoll. Auch hier gilt wieder, dass erzeugte P-Knoten mindestens zwei Söhne haben müssen, ansonsten wird Ihre Erzeugung übersprungen (Abbildung 31).

Pattern P6 Template P6 greift wenn der aktuelle Knoten ein P-Knoten ist und genau zwei halbvollen Q-Knoten als Söhne und eine beliebige Zahl voller oder andere Söhne hat. Der aktuelle Knoten muss die Wurzel des relevanten Teilbaums sein. Die vollen

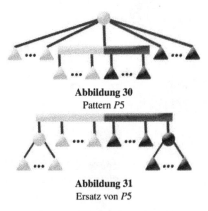

Abbildung 30
Pattern $P5$

Abbildung 31
Ersatz von $P5$

Söhne, und zwar nur diese, des aktuellen Knotens müssen hierfür zwischen den beiden halbvollen Q-Knoten liegen.

Die vollen Söhne werden in einen eigens hierfür erzeugten P-Knoten verschoben. Die beiden halbvollen Q-Knoten und der P-Knoten werden derart zu einem neuen Q-Knoten verschmolzen, dass, von links nach rechts, zuerst der linke Q-Knoten dann der neu erzeugte P-Knoten, und abschließend der rechte Q-Knoten kommt. Dieser neue (halbvolle) Q-Knoten ersetzt im aktuellen Knoten beide Q-Knoten und alle vollen Söhne. Auch hier gilt wieder, dass erzeugte P-Knoten mindestens zwei Söhne haben müssen, ansonsten wird Ihre Erzeugung übersprungen (Abbildung 33).

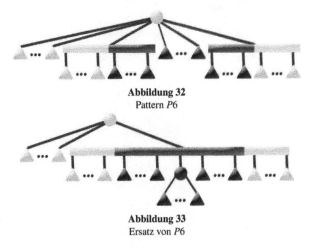

Abbildung 32
Pattern $P6$

Abbildung 33
Ersatz von $P6$

Pattern $Q1$ Das Pattern $Q1$ ist, ebenso wie $P1$, von einfacher Gestalt. Wenn der aktuelle Knoten ein Q-Knoten ist und alle Söhne des Knoten als voll markiert sind (Abbildung 34), dann wird auch der aktuelle Knoten als voll markiert (Abbildung 35). Hierbei ist es egal ob der Knoten die Wurzel des Baums ist oder nicht.

Abbildung 34	**Abbildung 35**
Pattern $Q1$	Ersatz von $Q1$

Pattern $Q2$ Das $Q2$ Template greift falls der aktuelle Knoten ein Q-Knoten ist und genau einen halbvollen Q-Knoten und eine beliebige Zahl voller oder andere Knoten als Söhne hat. Die vollen Söhne des aktuellen Knotens müssen direkt aufeinander folgend in einer Reihe liegen und der halbvolle Q-Knoten muss am Anfang dieser Reihe stehen (Abbildung 36).

Der aktuelle Q-Knoten wird zu einem halbvollen Q-Knoten indem alle Söhne, des vormals halbvollen Q-Knoten, unter Beibehaltung der Eigenschaft das alle vollen Söhne des aktuellen Knotens direkt aufeinander folgend in einer Reihe liegen, in den aktuellen Q-Knoten eingefügt werden (Abbildung 37).

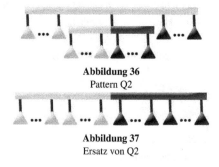

Abbildung 36
Pattern Q2

Abbildung 37
Ersatz von Q2

Pattern $Q3$ Als letztes Pattern dient $Q3$, welches genau dann greift wenn der aktuelle Q-Knoten genau zwei halbvolle Q-Knoten und eine beliebige Zahl voller oder anderer Knoten als Söhne hat. Die vollen Söhne des aktuellen Knotens, und zwar nur diese, müssen hierfür zwischen den beiden halbvollen Q-Knoten liegen (Abbildung 38). Jeder der beiden halbvollen Söhne wird hier wie in Pattern $Q2$ bearbeitet. Abbildung 39 zeigt die daraus resultierende Struktur.

4.3   Der Planaritätstest

Nachdem nun alle vorbereitenden Schritte abgeschlossen sind kann der Planaritätstest in seiner Gänze präsentiert werden (Algorithmus 4.3). Ausgehend von einem Knoten werden, unter Erhaltung der Planaritätseigenschaft, sukzessive Knoten hinzugefügt bis

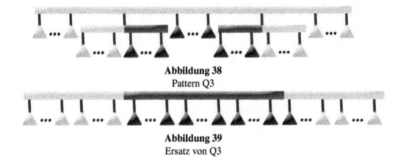

Abbildung 38
Pattern Q3

Abbildung 39
Ersatz von Q3

entweder alle Knoten abgearbeitet sind, d.h. der Graph ist planar, oder das weitere Hinzufügen nicht mehr möglich ist, d.h. der Graph ist nicht planar.

```
1   Planar(G) {
2      Die modifizierte Tiefensuche präpariert G
3      Alle Knoten von G werden mit ST-Nummern versehen
4      Der PQ-Baum für den Graphen G1 wird erzeugt
5      Für u = 1 bis v
6         {Teil 1: Reduktionsschritt}
7         Es werden, ausgehend von den Blättern zu den Wurzeln alle
8         relevanten Blätter durch wiederholtes Anwenden der Patterns
9         und/oder Umkehrung/Permutation gesammelt.
10        {Anm: d.h. in konsekutive Positionen auf einer Ebene gebracht}
11        Gelingt dies nicht bricht der Algorithmus ab
12        und der Graph ist nicht planar
13        {Teil 2: Knoten hinzufügen}
14        Ersetze alle vollen Knoten mit einem neuen P-Knoten
15        Zum PQ-Baum werden alle Knoten mit einer ST-Nummer > u
16           als Söhne des eben erzeugten P-Knotens hinzugefügt
17     Falls der Algorithmus bis v durchläuft ist der Graph planar
18  }
```

Die Arbeitsweise des Algorithmus lässt sich am besten an Beispielen verdeutlichen welche im nächsten Abschnitt folgen. Es ist offensichtlich, dass der Algorithmus eine Laufzeit von $O(n)$ hat, da ausschließlich über die Menge der Knoten iteriert wird und die beiden vorbereitenden Algorithmen (Tiefensuche und st-Nummerierung) ebenfalls in $O(n)$ eingeordnet sind. Ein Algorithmus der zusätzlich zum Planaritätstest eine planare Darstellung liefert findet sich unter anderem in [NR04].

5 Beispielhafte Anwendung der 'vertex addition'-Methode

Um die Arbeitsweise des Algorithmus zu verdeutlichen werden im Folgenden einige Beispiele berechnet. Zunächst wird die Methode ausführlich an einem Graph aus [NR04] präsentiert. Anschließend wird mit dem Algorithmus, in leicht verkürzter Darstellung, die bereits erwähnte und beim Satz von Kuratowski genutzte Nicht-Planarität von K_5 und $K_{3,3}$ nachgewiesen. Zu guter Letzt sei, ausgehend von Euler's Planaritätskriterium, gezeigt, dass $K_{3,3}$ mit einer Kante weniger planar ist.[9]

Aufgrund der Komplexität des Pattern-Matchings können nur diese Minimalbeispiele präsentiert werden. Sinnvolle Anwendungen in der Wirtschaft finden sich erst bei größeren Graphen. Allerdings lässt sich z.B. mit dem bipartiten Graph $K_{3,3}$, mit der linken Seite als Produktionsstätte und der rechten Seite als Läger, sowie den Kanten als Fließbänder, leicht Bezug zu praxisrelevanten Planungsproblemen aus der Wirtschaft herstellen. Zur Berechnung und Visualisierung von diesen Problemen bieten sich Tools wie JGraphEd [Har] an.

5.1 Erstes Beispiel aus [NR04]

Für das in [NR04] dargestellte Beispiel ist die st-Nummerierung (Zeile 3)[10] bereits berechnet. Das Ergebnis ist in Abbildung 40 dargestellt.

Abbildung 40
Beispielgraph mit ST-Nummerierung

Im ersten Schritt (Zeile 4) wird der PQ-Baum für den Graph G_1 erzeugt. Die dazugehörige Bush-Form B_1 und der PQ-Baum sind in Abbildung 41 dargestellt. Es ist offensichtlich, dass bei nur einem einzige relevanten Blatt, nämlich Knoten 2, der Reduktionsschritt (Zeile 6) erfolgreich war. Nun kann im zweiten Schritt (Zeile 13) der Knoten 2 mit einem P-Knoten ersetzt werden und es werden virtuelle Knoten v mit $v > 1$ an den eben erzeugten P-Knoten gehängt (siehe Abbildung 42).

Abbildung 41
Bush-Form B_1 und PQ-Baum nach Zeile 4

---

[9]Mit $v = 6$ und $e = 8$ folgt $8 = 2 \cdot 6 - 4 = 8$.
[10]Die Zeilenangaben beziehen sich auf Algorithmus 4.3

25

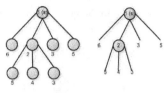

Abbildung 42
Ersatz des (Blatt)Knotens 2

In der nächsten Iteration $u = 2$ werden nun im ersten Schritt mehrere Patterns angewandt. Ausgehend von Abbildung 42 kommt man mit Pattern $P3$ zur Darstellung in Abbildung 43 links. Die Erzeugung des P-Knotens für die vollen Söhne ist hier obsolet, da mit dem Knoten 3 nur ein Einziger existiert. Wie bereits erwähnt dürfen die halbvollen Q-Knoten nur während der Laufzeit des Algorithmus vorkommen. Es muss also mit Hilfe von Pattern $P5$ weiter reduziert. Wiederum ist die Erzeugung eines P-Knotens nicht notwendig. Der entstehende PQ-Baum ist in Abbildung 43 rechts dargestellt.

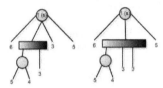

Abbildung 43
Sukzessive Anwendung der Patterns $P3$ und $P5$ auf Abbildung 42

An der Bush-Form ändert sich während dieser Reduktionsschritte nichts. Da nun alle relevanten Knoten ($u + 1 = 3$) in einer Reihe auf gleicher Ebene stehen werden im zweiten Schritt (Zeile 13) die Knoten durch einen neuen P-Knoten ersetzt und es werden virtuelle Knoten v mit $v > 2$ an den eben erzeugten P-Knoten gehängt. Bush-Form und PQ-Baum sind in Abbildung 44 dargestellt.

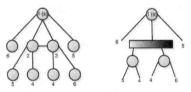

Abbildung 44
Bush-Form B_3 und PQ-Baum nach den ersten Schritten

In der nächsten Iteration $u = 3$ sind die Blätter mit der Nummer 4 relevant. Zunächst wird Pattern $P3$ auf die beiden P-Knoten mit den Blattpaaren 5 und 4 sowie 4 und 6 angewandt. Das Resultat ist in Abbildung 45 links wiedergegeben. Anschließend wird Pattern $Q3$ genutzt um den in Abbildung 45 rechts gezeigten PQ-Baum zu erhalten. Alle relevanten Blätter sind nun wieder auf einer Ebene und werden durch einen

P-Knoten ersetzt. Die dazugehörige Bush-Form B_4 und der PQ-Baum sind in Abbildung 46 dargestellt.

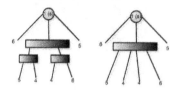

Abbildung 45
Anwendung von $P3$ und $Q3$ auf Abbildung 44

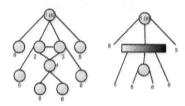

Abbildung 46
Bush-Form B_4 und PQ-Baum nach Entfernung von 4

Zunächst werden die Blätter 6 und 5 des P-Knotens 1 getauscht um die nachfolgenden Schritte zu ermöglichen. In der nun folgenden Iteration $u = 4$ sind die Blätter mit der Nummer 5 relevant. Ausgehend vom PQ-Baum aus Abbildung 46 wird zunächst Pattern $P3$ angewandt. Der resultierende PQ-Baum ist in 47 links dargestellt. Die Erzeugung der P-Knoten wird auch hier übergangen. Anschließend wird Pattern $Q2$ angewandt (Abbildung 47 rechts). Zu guter Letzt werden mit Pattern $P4$ alle virtuellen Blattknoten mit der Nummer 5 auf eine Ebene gebracht. Erneut wird auf die Erzeugung des P-Knoten übersprungen. Der entstehende PQ-Baum ist in Abbildung 48 dargestellt. Anschließend werden die mit 5 markierten Blätter durch einen P-Knoten ersetzt und virtuelle Knoten mit den Nummern $v > 4$ an den Knoten gehängt. Da nur noch ein virtueller Knoten mit der Nummer 6 erzeugt werden muss, wird dieser Schritt übersprungen. Die Bush-Form B_5 und der PQ-Baum sind in Abbildung 49 dargestellt.

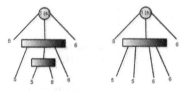

Abbildung 47
Anwendung von $P3$ und $Q2$ auf Abbildung 46

Im letzten Schritt wird noch durch Pattern $P1$ der oberste Knoten als voll markiert und durch einen P-Knoten ersetzt. Der Algorithmus ist also vollständig durchgelaufen

Abbildung 48
Anwendung von $P4$ auf 47

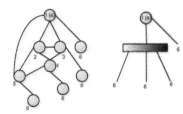

Abbildung 49
Bush-Form B_5 und PQ-Baum nach Entfernung des (Blatt)Knotens 5

und der Graph ist planar. Das Endergebnis ist als Bush-Form in Abbildung 50 dargestellt. Es ist noch anzumerken, dass das überschneidungsfreie Zeichnen der Bush-Formen händisch durchgeführt wurde. Eine Faustregel die dabei angewandt wurde ist, dass in der Bush-Form bei Schritt 13 im Algorithmus jene virtuellen Knoten der Bush-Form die mit der gleichen Nummer bezeichnet sind zu einem Knoten verschmolzen werden. Ein Algorithmus der, als Erweiterung zum vorgestellten, eine planare Einbettung liefert findet sich, wie bereits erwähnt, unter anderem in [NR04].

Abbildung 50
Eine Einbettung des planaren Graphen aus Abbildung 40

5.2   Der vollständige Graph K_5

Als nächstes soll die Nicht-Planarität des vollständigen Graphen K_5 (siehe Abschnitt 3) mit Hilfe der 'vertex addition'-Methode nachgewiesen werden. In Abbildung 51 ist rechts oben der Graph K_5 inkl. der st-Nummern dargestellt. Da der Graph vollständig ist können die st-Nummern beliebig vergeben werden, auf eine ausführliche Berechnung wird daher verzichtet. Links oben ist der in Zeile 4 des Algorithmus erwähnt PQ-Baum von $G1$ dargestellt.

Alle relevanten Knoten (Knoten 2) sind bereits gesammelt und es kann direkt mit Zeile 13 fortgefahren werden. Das Resultat ist in Abbildung 51 in der zweiten Reihe links dargestellt. Mittels Pattern $P3$ erzeugt der Schritt in Zeile 6 einen Zwischengraphen, der anschließend durch Pattern $P4$ weiterverarbeitet wird. Das Ergebnis ist in Abbildung 51 in der dritten Zeile links dargestellt. Nach Durchführung des Schritt aus Zeile 13 entsteht der PQ-Baum welcher in Abbildung 51 in der dritten Zeile rechts dargestellt ist.

Ausgehend von diesem Baum kommt man durch zweimalige Anwendung des Patterns $P3$ und des Patterns $Q3$ zu dem in Abbildung 51 rechts unten dargestellten PQ-Baum. Für diesen Baum kann kein passendes Pattern gefunden werden und der Algorithmus bricht ab. Der Graph ist also nicht planar.

5.3 Der vollständige bipartite Graph $K_{3,3}$

Als drittes Beispiel wird die Nicht-Planarität von $K_{3,3}$ (siehe Abschnitt 3) gezeigt. Der Graph ist in Abbildung 52 rechts oben dargestellt. Ausgehend vom PQ-Baum in Abbildung 52 links oben erhält man durch ersetzen des virtuellen Blattknotens 2 den PQ-Graph in der zweiten Zeile links. Hier kann Pattern $P3$ angewandt werden und der virtuelle Blattknoten 3 wird ersetzt. Das Resultat ist in Abbildung 52 in der dritten Zeile links gezeigt. Durch sukzessives Anwenden der Patterns $P3$, $Q2$ und $P4$, sowie dem anschließenden Ersetzen des virtuellen Blattknotens 4 wird der in Abbildung 52 unten links dargestellte PQ-Baum erzeugt. Der virtuelle Blattknoten 6 ist als *Störstelle* zwischen zwei virtuellen Blattknoten 5 verankert. Es kann kein passendes Pattern gefunden werden und der Algorithmus bricht ab. Der Graph ist also nicht planar.

5.4 Der fast vollständige bipartite $K'_{3,3}$

Nach den Berechnungen aus Abschnitt 3 mit Hilfe der Kriterien von Euler sollte das Entfernen einer Kante aus $K_{3,3}$ ausreichen um eine planare Darstellung zu ermöglichen. In Abbildung 53 ist rechts oben der Ausgangsgraph dargestellt. Bis zur dritten Zeile links ist das Beispiel identisch mit dem vorherigen. Allerdings wird durch den Ersatz des virtuellen Blattknotens 3 nun keine *Störstelle* eingebaut da die Kante 3 ↔ 6 im betrachteten Graph fehlt. Letztendlich muss nach Pattern $P4$ nur noch ersetzt werden und der Algorithmus arbeitet bis zum Ende durch. Der Graph ist also planar. Eine mögliche Darstellung ist in Abbildung 53 unten gezeigt.

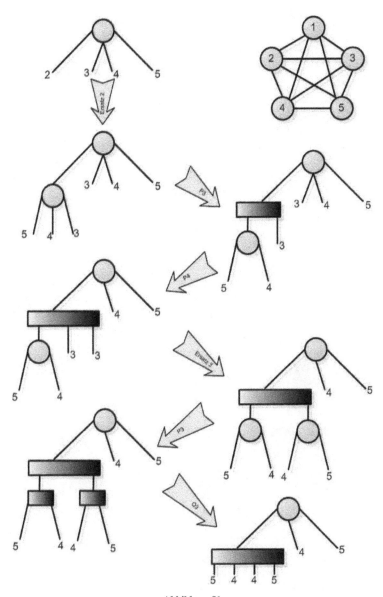

Abbildung 51
Schematischer Ablauf der 'vertex addition'-Methode für den Graphen K_5

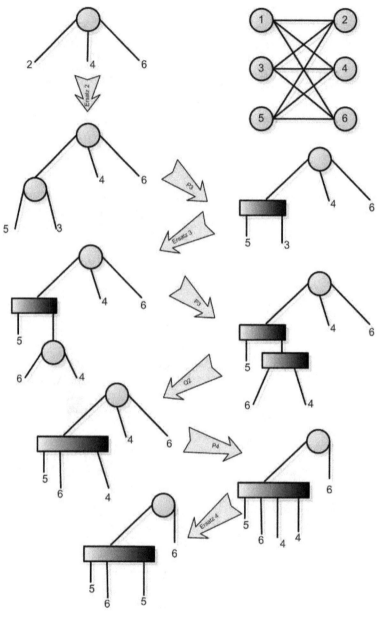

Abbildung 52
Algorithmus Planar für den Graphen $K_{3,3}$

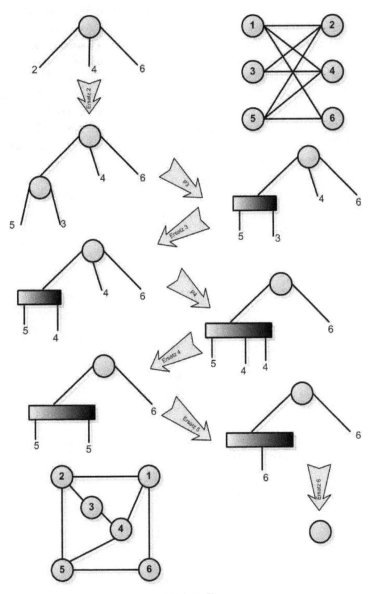

Abbildung 53
Algorithmus Planar für den Graphen $K_{3,3}$ mit einer Kante weniger

6 Resümee und Ausblick

Nach einer kurzen Einführung in das Thema wurden in Abschnitt 2 dieser Arbeit zunächst einige grundlegende Überlegungen dargelegt die für das weitere Verständnis der Arbeit essentiell sind. In Abschnitt 3 wurden zwei historische Planaritätskriterien kurz skizziert und auf eine Reihe anderer verwiesen. Im Hauptteil der Arbeit wurde in aller Ausführlichkeit ein Algorithmus präsentiert der die Planarität eines Graphen in linearer Zeit prüft. Vier Beispiele zur Illustration der Arbeitsweise in Abschnitt 5 rundeten die Ausarbeitung ab. Offen blieb allerdings die Frage wie die planare Darstellung eines Graphen G aussieht. Eine Erweiterung des Algorithmus und der PQ-Bäume findet sich in [NR04]. Die dort vorgestellte Erweiterung liefert, basierend auf den hier vorgestellten Algorithmus, eine planare Einbettung in $O(n^2)$.

In den über 30 Jahren in denen die 'vertex addition'-Methode existiert ist die Zeit natürlich nicht stehen geblieben. *State of the Art* sind derzeit die in [WKWL99] und [BM99] präsentierten Algorithmen. Eine Implementierung findet sich unter anderem in [GCK].

Literatur

[AP61] AUSLANDER, L. ; PARTER, S.: On Imbedding Graphs in the Sphere. In: *Math. Mechanic* (1961), Nr. 10, S. 517–523

[BL76] BOOTH, K. ; LUEKER, G.: Testing for the Consecutive Ones Property, Interval Graphs, and Graph Planarity Using PQ-Tree Algorithms. In: *Journal of Computer and System Sciences* 13 (1976), S. 335–379

[BM99] BOYER, J. ; MYRVOLD, W.: Stop Minding Your P's and Q's: A Simplified O(n) Planar Embedding Algorithm. (1999)

[Boy] BOYER, John: *Projekt Planarity.* Website, . – Online verfügbar: http://code.google.com/p/planarity/; besucht am 14.12.2010

[CNAO85] CHIBA, N. ; NISHIZEKI, T. ; ABE, S. ; OZAWA, T.: A Linear Algorithm for Embedding Planar Graphs Using PQ-Trees. In: *Journal of Computer and System Sciences* 30 (1985), Nr. 1, S. 54–76

[DMP64] DEMOUCRON, G. ; MALGRANGE, Y. ; PERTUISET, R.: Graphes Planaires: Reconnaissance et Construction de Representations Planaires Topologiques. In: *Rev. Franc. Rech. Oper* (1964), Nr. 8, S. 33–34

[ET76] EVEN, S. ; TARJAN, R.: Computing an ST Numbering. In: *Theoretical Comp. Sci.* 2 (1976), S. 339–344

[Eve79] EVEN, S.: *Graph Algorithms.* Computer Science Press, 1979

[FR82] FRAYSSEIX, H. de ; ROSENSTIEHL, P.: A depth-first search characterization of planarity. In: *Annals of Discrete Mathematics* 13 (1982), S. 75–80

[GCK] GUTWENGER, C. ; CHIMANI, M. ; KLEIN, K.: *Open Graph Drawing Framework.* Website, . – Online verfügbar: http://www.ogdf.net/ogdf.php?id=; besucht am 14.12.2010

[Gro10] GROTHAUS, Greg: *PQ Trees and the Consecutive Ones Property.* Website, 2010. – Online verfügbar: http://knol.google.com/k/pq-trees-and-the-consecutive-ones-property; besucht am 14.12.2010

[Har] HARRIS, John: *JGraphEd.* Website, . – Online verfügbar: http://www.jharris.ca/JGraphEd/; besucht am 14.12.2010

[Har72] HARARY, F.: *Graph Theory.* Addison-Wesley, 1972

[HT74] HOPCROFT, J. ; TARJAN, R.: Efficient Planarity Testing. In: *Journal ACM* 21 (1974), Nr. 4, S. 549–568

[Kla36] KLAUS, Wagner: Bemerkungen zum Vierfarbenproblem. In: *Jahresbericht. Deutscher Math.-Verein* 46 (1936), S. 26–32

[Kur30] KURATOWSKI, Casimir: Sur le problï¿½me des courbes gauches en topologie. In: *Fund. Math.* 15 (1930), S. 271–283

[LEC67] LEMPEL, A. ; EVEN, S. ; CEDERBAUM, I.: An Algorithm for Planarity Testing of Graphs. In: *Int. Symp. Rome* (1967), S. 215–232

[Lei97] LEIPERT, Sebastian: PQ-Trees, An Implementation as Template Class in C++ / Zentrum für Angewandte Informatik Köln, Lehrstuhl Jünger. 1997 (259). – Forschungsbericht. – 226 S.

[ML37] MAC LANE, S.: A combinatorial condition for planar graphs. In: *Fund. Math* 28 (1937), S. 22–32

[MMN93] MEHLHORN, K. ; MUTZEL, P. ; NAHER, S.: An Implementation of the Hopcroft and Tarjan Planarity Test and Embedding Algorithm / Max-Planck-Institut fur Informatik. 1993. – Forschungsbericht

[NR04] NISHIZEKI, T. ; RAHMAN, Md. S.: *Planar Graph Drawing*. World Scientific, 2004

[Sch89] SCHNYDER, W.: Planar graphs and poset dimension. In: *Order 5* (1989), S. 323–343

[Ver90] VERDIÃ¨RE, Y. Colin d.: Sur un nouvel invariant des graphes et un critÃ¨re de planaritÃ©. In: *Journal of Combinatorial Theory, Series B* 50 (1990), Nr. 1, S. 11–21

[Whi32] WHITNEY, Hassler: Non-separable and planar graphs. In: *Transactions of the American Mathematical Society* 34 (1932), S. 339–362

[WKWL99] WEI-KUAN, Shih ; WEN-LIAN, Hsu: A new planarity test. In: *Theoretical Computer Science* 223 (1999), Nr. 1-2, S. 179–191

A Definitionen

Im Folgenden seien ohne weitere Erläuterung die in der Arbeit genutzten wichtigsten Definitionen und Bezeichnungen aus der Graphtheorie aufgeführt:

Definition 4 (Gerichteter Graph). *Ein (gerichteter) Graph $G = (V, E)$ besteht aus einer endlichen Mengen V von Knoten und einer Kantenmenge $E \subseteq V \times V$.*

Definition 5 (Kantenzahl e_G). *Die Kantenzahl e_G eines Graphen ist definiert als $e := |E|$.*

Definition 6 (Knotenzahl v_G). *Die Kantenzahl v_G eines Graphen ist definiert als $v := |V|$.*

Sofern der Kontext, sprich der betrachtete Graph G, eindeutig ist kann der Index weglassen werden.

Definition 7 (Ungerichteter Graph). *Ein gerichteter Graph $G = (V, E)$ ist ein ungerichteter Graph, wenn seine Kantenmenge $E = V \times V$ symmetrisch ist, d.h. wenn gilt: $E = E^{-1}$.*

Definition 8 (Subgraph/Teilgraph). *Ein Graph $G_1 = (V_1, E_1)$ von einem Graph $G_2 = (V_2, E_2)$ heißt Subgraph bzw. Teilgraph von G_2 genau dann wenn $V_1 \subseteq V_2$ und $E_1 \subseteq E_2$.*

Definition 9 (Pfad). *Ein Pfad $p = (u_0, v_0), (v_0, u_1) \ldots (u_{m-1}, v_{m-1})$ in einem Graphen G ist eine endliche Folge von Kanten des Graphen.*

Definition 10 (Zyklus). *Sei $p = (u_0, v_0) \ldots (u_{m-1}, v_{m-1})$ ein Pfad in einem Graphen G dann heißt p Zyklus wenn $v_{m-1} = u_0$ gilt.*

Definition 11 (Baum). *Ein gerichteter Graph $T = (V, E)$ ist ein Baum, wenn*

er genau einen Knoten mit Eingangsgrad 0 enthält; dieser Knoten wird als Wurzel bezeichnet,

alle anderen Knoten den Eingangsgrad 1 haben, und

er keine Zyklen enthält.

Definition 12 (zusammenhängender Graph). *Ein ungerichteter Graph G heißt zusammenhängend, wenn es von jedem Knoten $a \in V$ zu jedem anderen Knoten $b \in V$ mindestens einen Pfad p mit $a = u_0$ und $v_{m-1} = b$ gibt.*

Definition 13 (k- fach zusammenhängender Graph). *Ein ungerichteter Graph heißt k-fach zusammenhängend, wenn es von jedem Knoten zu jedem anderen Knoten mindestens k Pfade gibt.*

Definition 14 (Vollständiger Graph: K_n). *Ein ungerichteter Graph in dem für alle $x, y \in V \Rightarrow (x, y) \in E$ gilt.*

Definition 15 (Vollständiger bipartiter Graph: $K_{s,r}$). *Ein ungerichteter Graph in dem die Knotenmenge V in zwei disjunkte Mengen S und R geteilt ist und für alle $x \in S, y \in R \Rightarrow (x, y) \in E$ gilt.*

Definition 16 (Minor eines Graphen G). *Ein Graph G_1 wird Minor des Graphen G_2 genannt, falls G_1 isomorph aus einem Teilgraphen von G_2 durch Knotenverschmelzung entsteht.*